Salomon Reinach

ANTOINETTE
BOURIGNON

ANTOINETTE BOURIGNON [1]
Une mystique au XVIIe siècle

Le nom d'Antoinette Bourignon n'est guère moins oublié que ses œuvres. Bien des lettrés apprendront avec surprise qu'elle eut une heure de célébrité presque européenne, qu'elle forma des disciples, faillit fonder un État et fut vénérée de quelques-uns comme une sainte. La gloire de Mme Guyon a éclipsé la sienne et résume à nos yeux tout le mysticisme féminin du grand siècle. Parmi les auteurs qu'on lit encore, Bayle est le seul qui ait parlé d'Antoinette autrement que par ouï-dire. Dans deux articles de son *Dictionnaire*[2], il a raconté sa vie et insisté, avec l'ironie qui lui est propre, sur quelques points singuliers de sa doctrine. C'est par Bayle, et par lui seulement, que Voltaire l'a connue ; encore s'est-il contenté de lui lancer en passant quelques épigrammes. Sainte-Beuve, qui avait presque tout lu, la cite une fois dans *Port-Royal*, en relatant les démêlés qu'elle eut avec les Jansénistes. Il avait connaissance de la lettre qu'elle écrivit à Arnauld lors de la persécution dont Christian de Cort fut l'objet, mais ne paraît pas avoir poussé plus loin son enquête. En 1876, un anonyme a publié une très courte *Étude* sur Antoinette, suivie de quelques pages d'extraits[3] ; ce petit livre mérita l'attention d'Adolphe Franck, qui lui consacra un article spirituel dans le *Journal des Débats* du 24 avril 1877. Partout ailleurs, dans les notices biographiques des diverses encyclopédies, nous retrouvons seulement l'article de Bayle, plus ou moins habilement résumé ou démarqué, le plus souvent avec quelques erreurs en sus[4].

Antoinette ne fut cependant pas une mystique ordinaire. Elle joignit le courage de l'action à celui de la pensée. Loin de se perdre dans une contemplation oisive, elle éprouva, pendant une existence assez longue, l'invincible besoin de se prodiguer. Son humeur belliqueuse lui fit affronter des controverses et des

---

[1] *Revue de Paris*, 15 octobre 1894, p. 850-880.
[2] Bayle, *Dictionnaire historique*, articles Bourignon et Adam.
[3] Cette brochure est de Mlle Wild, qui se fit connaître à moi après la publication du présent essai dans la *Revue de Paris*. J'appris d'elle qu'il existait encore quelques bourignonistes ; Mlle Wild était du nombre, 1904.)
[4] En 1895, a paru à Leyde un volume de M. Antonius von der Linde, intitulé : *Antoinette Bourignon, das Licht der Welt*. J'en ai rendu compte dans la Revue critique, 1895, I, p. 252-254. L'auteur est très hostile à Antoinette ; son livre est d'ailleurs presque illisible. 1904.

luttes où elle eut besoin d'une énergie morale sans cesse renouvelée. Comme un savant allemand contemporain, elle aurait pu dire que la polémique était son élixir de longue vie. Mystique et visionnaire, ce n'est pourtant pas pour la vie éternelle qu'elle cherche à recruter des disciples. Ses desseins sont plus pratiques et plus terrestres; son rêve, qu'elle n'a pu réaliser, a été de fonder une sorte de république de parfaits «pour vivre à la façon des chrétiens en la primitive Église». Intolérante pour le péché, pour l'ombre même du péché, elle a fait preuve, en revanche, d'une tolérance bien rare à l'égard des différentes formules religieuses. Ce mélange de foi vive et d'indifférence théologique est plutôt de notre temps que du sien et fait parfois songer à Tolstoï. Son mysticisme même, comme on le verra, ne se paye pas de vagues espérances: elle appelle, elle prévoit l'avènement de l'idéal qu'elle a conçu, sur la terre même où nous vivons, au sein d'une humanité non seulement régénérée au moral, mais physiquement transformée. Par quelques conceptions hardies, elle touche aux millénaristes contemporains, et ce n'a pas été notre moindre surprise de le constater. Quand nous aurons ajouté que les aventures d'Antoinette, dont elle nous a fait le récit elle-même, semblent parfois tenir du roman plus que de l'histoire, nous aurons achevé de dire pourquoi nous croyons devoir la tirer de l'oubli. Essayons donc de raconter, à l'aide des documents poussiéreux qui la concernent, ce que fut cette fille singulière et pour quelles idées elle a combattu.

I

La famille d'Antoinette habitait Lille ; son père était un négociant d'origine italienne, sa mère était flamande. Elle vint au monde le 13 janvier 1616, très disgraciée, à ce qu'elle dit, de la nature ; il fallut qu'un chirurgien lui fît une opération, pour détacher son nez de la lèvre supérieure. Sa mère ne put jamais surmonter l'aversion que la laideur de sa fille lui avait causée. Dans la suite, cependant, sans jamais devenir belle, Antoinette ne laissa pas d'être séduisante, à en juger par les risques que courut sa vertu. Son caractère méditatif se révéla de bonne heure. Dès l'âge de quatre ans, elle demandait à tout venant *où était le pays où demeurent les vrais chrétiens*, témoignant grand désir d'y aller. « Mes parents se moquaient de ma demande, disant que j'étais au pays des chrétiens : ce que je ne pouvais croire. » Alors que les enfants ne se soucient guère de ce qui se passe autour d'eux et s'émeuvent seulement de ce qui les touche, Antoinette s'attristait des dissentiments dont ses parents lui offraient parfois le spectacle. Elle se retirait alors à l'écart, et, accusant le mariage des violences dont elle était témoin : « Mon Dieu ! mon Dieu ! priait-elle, faites que je ne me marie jamais ! » Cette crainte du lien conjugal, fortifiée bientôt par une dévotion ascétique, a été le grand ressort de son existence et le point de départ de sa philosophie.

C'est à dix-huit ans, en 1634, qu'Antoinette eut son premier « entretien avec Dieu ». « Une nuit, étant bien éplorée, et outrée de repentance, je dis du profond de mon cœur : « Hé ! mon Seigneur ! que me faut-il faire pour vous être agréable ? Car je n'ai personne pour me l'enseigner. Parlez à mon âme et elle vous écoutera. » Tout à l'instant, j'entends comme si une autre personne eût parlé dans moi-même : « Quittez toutes les choses de la terre. Séparez-vous de l'affection des créatures. Renoncez à vous-même. »

Les contemporains d'Antoinette ont beaucoup raillé ses entretiens avec Dieu, qu'elle rapporte parfois bien longuement. Mais il n'y a là rien qui ressemble à du charlatanisme. Antoinette avait la parole trop facile ; ses extases loquaces sont celles d'une mystique, qui, ayant choisi Dieu pour directeur, questionne et répond tout à la fois. Elle a pris soin de nous prévenir elle-même contre une interprétation matérialiste de ses *auditions* : « La voix de Dieu n'est point entendue par les oreilles de chair, mais par intelligence spirituelle, parce que Dieu est esprit et l'âme esprit, et qu'ils s'entendent l'un et l'autre en esprit. » Parfois, dans le récit de ses extases, elle s'élève à une véritable éloquence : « Je continuais dans ces prières intérieures avec un délice incroyable. Il me semblait n'y avoir plus rien entre Dieu et mon âme. Elle se sentait tout absorbée en lui. Je ne vivais plus, mais lui vivait en moi. Les consolations intérieures passaient souvent jusques au corps, qui perdait tout sentiment à mesure qu'il oubliait les choses de la terre. Je me délectais sensiblement dans ces douceurs, où je passais des heures sans savoir si j'étais au monde ou en paradis. Je me complaisais à goûter ces évanouissements, doutant néanmoins si l'on se pouvait bien laisser à de tels contentements durant cette vie mortelle. Je le demandai à Dieu. Il me répondit : « Ce sont des faiblesses de la nature. Soyez plus virile. Je suis pur esprit, insensible à la chair. » Dieu parle ici comme Bossuet, qui défend à l'une de ses pénitentes « ce qu'il y a de trop sensible dans l'oraison ».

Quand Antoinette approcha de sa vingtième année, ses parents songèrent à la marier. On devine comment leurs ouvertures furent accueillies. Pour vaincre les résistances de leur fille, ils mirent dans l'affaire son confesseur, un jésuite, qui lui refusa l'absolution si elle persistait à se détourner du mariage. Antoinette passa outre et s'approcha de l'autel. Quand le jésuite se récria : « Mon père, répondit-elle fermement, je ne me suis sentie coupable d'aucun péché qui m'ait pu retarder de communier. » A partir de ce moment, elle faussa compagnie aux jésuites, qui lui rendirent avec usure son hostilité.

Le prétendant d'Antoinette était un riche marchand français, pour lequel elle ne paraît avoir éprouvé ni sympathie ni aversion. Mais elle détestait le mariage, non seulement à cause de l'assujettissement auquel il condamne, mais surtout pour l'impureté du lien charnel, dont elle avait horreur. Elle songea d'abord à se faire religieuse ; son père ayant refusé de la doter, aucun couvent ne voulut l'accueillir. Elle en conclut que l'on préférait ses biens temporels à sa piété et que les congrégations étaient étrangères à l'esprit de l'Évangile. Ce qu'elle souhaitait, c'était la vie libre « au désert », les vœux n'étant pas nécessaires à la perfection. « Les solitaires, disait-elle, servent Dieu en épouses et non en esclaves. Voyez si un solitaire n'est point plus heureux de servir Dieu par amour qu'un religieux par contrainte ! » Et, ailleurs, cette phrase admirable : « Je ne peux croire que les parfaits aient jamais eu besoin de faire aucuns vœux, *parce que l'Amour porte en croupe la fidélité.* »

Lorsque les parents d'Antoinette lui annoncèrent que son mariage était décidé, elle n'hésita plus : le jour de Pâques 1636, cette fille de vingt ans sortit de Lille à quatre heures du matin, sous un habit d'ermite qu'elle s'était fait elle-même. Elle arriva à dix heures à Tournai, d'où elle se dirigea le même jour sur Mons, marchant toujours sans prendre de nourriture, les pieds tout meurtris dans ses gros souliers de paysan.

Cette première équipée dura peu. A Bassec, dans le Hainaut, des soldats reconnurent que le prétendu ermite était une femme et la conduisirent, avec force plaisanteries, au village voisin de Blatton. On la logea chez le maire, dont la maison était remplie de troupes. Le surveillant d'Antoinette, un officier de cavalerie, tenta de lui faire violence. Fort à propos, le curé de Blatton intervint : il emmena la malheureuse chez lui et la cacha pendant la nuit dans une armoire. Convaincu, à la suite d'un entretien avec elle, de la ferveur de sa piété, il la signala à l'archevêque de Cambrai, qui vint exprès à Blatton pour l'interroger. L'archevêque lui représenta les dangers de la vie d'ermite et la faute qu'elle commettait en prenant des habits d'homme. Sur ces entrefaites, le père et la mère d'Antoinette, prévenus par la rumeur publique, arrivaient éplorés au village ; l'archevêque lui ordonna de les suivre et, après un court séjour au cloître de Saint-Augustin, à Tournai, elle revint toute découragée à Lille.

II

Ce fut encore la menace du mariage qui l'en chassa. Ses parents n'avaient pas abandonné l'idée de l'établir et les prétendants ne manquaient pas, parce que la famille Bourignon avait du bien. Antoinette quitta de nouveau la maison paternelle en 1640 et se rendit à Mons, auprès de l'archevêque. A force de prières, elle obtint de lui l'autorisation de former, à la campagne, une petite communauté de filles dévotes, qui se suffiraient par le jardinage et les travaux manuels. Le prélat ajouta à son acquiescement une marque de confiance assez rare : il permit à Antoinette de lire les Évangiles. Sitôt qu'elle eut commencé, il lui sembla que tout ce qu'elle lisait répondait parfaitement à ses sentiments intérieurs. « S'il me les eût fallu mettre par écrit, j'aurais formé un semblable livre qui soit l'Évangile ! »

Bientôt, cependant, les propos hardis d'Antoinette contre la corruption du clergé donnèrent l'alarme aux jésuites, qui firent revenir l'archevêque sur sa décision. L'autorisation fut retirée à la communauté, avant même qu'elle fût établie. Cette fois, Antoinette ne voulut pas retourner chez ses parents ; elle reprit sa vie errante, à Blatton d'abord, puis à Bavai et dans un château près de Brugelette, auprès d'une comtesse de Willerwal, qui l'avait prise en affection.

La mort de sa mère la rappela à Lille. Chargée désormais des soins du ménage, elle y vécut d'abord assez tranquille ; mais son père insista de nouveau pour la marier et parla de se remarier lui-même. Antoinette en devint malade et resta huit jours sans connaissance. Dès qu'elle fut guérie, son père se remaria avec une soudaineté et un mépris des siens qui rappellent le mariage d'Harpagon. « L'après-dînée d'un dimanche, il me dit qu'il allait chez le prévôt, et que j'envoyasse le valet à sept heures pour le chercher. Ce que je fis. Mais le garçon arrivant, il trouva le banquet préparé pour les noces de son maître, lequel lui défendit de ne bouger de la maison du prévôt sans son ordre. Nous attendîmes jusqu'à onze heures, sans nouvelles ni du maître, ni du valet. Le lendemain, à six heures, le garçon retourne tout éperdu, disant que son maître était marié. A neuf heures, mon père retourne, me disant que j'avais une mère ; je lui dis que je n'en pouvais plus avoir sur la terre. Il me dit, quant à lui, qu'il avait une femme. »

Cette nouvelle union rendit la vie d'Antoinette insupportable. Sa belle-mère était dépensière, ignorante et querelleuse. « C'était une pauvre fille que mon père avait prise pour son plaisir, nonobstant qu'elle n'était nullement sage ni agréable. » Antoinette la mit, tant bien que mal, au courant des choses, puis manifesta le désir de s'en aller. Son père refusant de lui rien donner des biens de sa mère, elle commença un procès à l'instigation de son beau-frère, qui était conseiller à la gouverne de Lille. Mais le beau-frère mourut et Antoinette, abandonnant la poursuite, se retira dans une solitude, près de Lille, où elle fit de la dentelle pour gagner sa vie. Elle aima cette existence de recluse : « Je ne puis jamais décrire les consolations que je reçus de Dieu en cette place. Ce n'étaient que caresses et délices spirituelles. Je passais souvent les jours sans boire ni manger, ne sachant qu'il était le soir. »

Ces délices durèrent quatre ans, pendant lesquels son père ne la vit point et ne lui envoya pas un sou. Au bout de ce temps, les troupes françaises ayant envahi le faubourg où elle habitait, Antoinette dut quitter sa chère retraite. Elle commençait à faire construire un ermitage à Blatton lorsque son père mourut subitement (1648) ; sa sœur était morte deux ans plus tôt sans enfant. Antoinette avait d'abord résolu de renoncer à son patrimoine, mais elle se ravisa et en obtint la moitié, après un long procès contre sa belle-mère. « Je me trouvai obligée, dit-elle, de reprendre mes biens temporels, plutôt que de les laisser à ceux à qui ils n'appartenaient et qui leur eussent servi à mal faire, outre ce que Dieu me fit connaître que j'en aurais besoin pour sa gloire. »

Les contemporains d'Antoinette l'accusaient d'aimer l'argent, d'accumuler ses revenus pour grossir son capital au lieu de les distribuer aux pauvres. Elle se défendait d'une manière assez originale : « Les véritables pauvres, écrivait-elle, sont si rares qu'il les faudrait bien chercher dans un autre monde ; car les assistances qu'on fait en notre misérable siècle servent souvent à pécher davantage. C'est pourquoi celui qui a des biens annuellement plus que la nécessité est obligé d'accumuler son capital, pour attendre après l'occasion de l'employer à la plus grande gloire de Dieu. » Plus tard, en 1677, quand elle fut directrice d'un hôpital dans la Frise orientale, elle affirma énergiquement les mêmes principes, consentant à donner aux pauvres son travail et ses soins, mais à la condition de ne leur point distribuer d'argent. « Je ne trouve pas même, disait-elle, à qui faire actuellement quelque libéralité de mes revenus ; on ne rencontre que des pauvres qui n'ont rien moins à cœur que de penser à une vie chrétienne, qui se servent de ce qu'on leur donne à friponner, à grenouiller et à faire les paresseux. » Sur quoi Bayle remarque avec raison : « Il n'y a rien ici qui sente le visionnaire et le fanatique ; tout y sent un esprit adroit et qui raisonne finement. » C'est là, en effet, un des caractères d'Antoinette ; elle n'a de compassion que pour les misères morales, et s'en indigne encore plus qu'elle ne les plaint. L'amour de Dieu remplit son cœur, mais ne l'amollit pas. On disait qu'elle n'avait pleuré que deux fois dans sa vie, et l'on en marquait les occasions. Ne nous hâtons pas, cependant, de lui reprocher ce qu'elle dit des pauvres. Dans ces riches provinces de Flandre, où les couvents étaient si opulents et si nombreux, la condamnation des aumônes pouvait être parfaitement justifiée. Les abus qu'on a souvent déplorés de nos jours se sont fait sentir de bonne heure dans la société chrétienne et ont pu inspirer, même à des cœurs compatissants, la crainte d'entretenir la fainéantise par la charité.

Pendant qu'Antoinette était en procès contre sa belle-mère, le fils d'un paysan, Jean de Saint-Saulieu, l'avait abordée dans une rue de Lille. Il la séduisit par ses propos mystiques et finit par se faire écouter d'elle, car « il parlait de la perfection extraordinairement bien ». En homme habile, il n'insistait pas, et, après avoir discouru avec onction de la grâce dont il éprouvait les atteintes, se retirait doucement et se tenait pour quelques jours à l'écart. Il contait qu'il avait été quelques années soldat, mais qu'il était revenu de la guerre « autant vierge qu'un enfant » ; sa constance était restée inébranlable « à cause qu'il s'entretenait toujours en son esprit avec Dieu ». Maintenant, « il était tout mort à la nature » ; l'habitude des mortifications et de l'abstinence lui avait fait perdre le goût des viandes et de la boisson ; il ne distinguait plus les mets exquis des mets grossiers, ni le vin de la bière ou de l'eau ; toutes choses matérielles lui étaient devenues indifférentes. De plus expérimentées qu'Antoinette se sont laissé prendre à ces protestations ; elle les reçut avec d'autant plus de confiance qu'elle les entendait pour la première fois. La sainte fille ne s'irrita même pas lorsque Saint-Saulieu lui proposa un jour de l'épouser, « gardant néanmoins la virginité, afin de demeurer toujours unis pour augmenter le nombre des maisons de pauvres en divers quartiers ». Elle lui répondit bonnement « que le mariage n'était nécessaire à cette union », mais n'en continua pas moins de le recevoir.

Le terrain ainsi préparé, Saint-Saulieu multiplia ses visites et finit un jour par déclarer ses sentiments : ce n'était plus d'un mariage mystique qu'il avait envie. Antoinette lui répondit avec colère, devint menaçante : Saint-Saulieu s'humilia, accusa l'humaine faiblesse, protesta de son profond repentir. Mais ce n'était que prétexte à récidive : « Souvent, dit Antoinette, il m'était si importun et si insolent qu'il me fallait avertir mes filles de veiller sur lui et ne lui plus ouvrir la porte de mon logis ; car il venait quelquefois avec un couteau en la main, qu'il me présentait à la gorge, si je ne voulais point céder à ses mauvais desseins ; en sorte que je fus, à la fin, obligée d'avoir recours au bras de la justice parce qu'il menaçait de rompre les portes et fenêtres, voire de me tuer, encore bien qu'on le devrait pendre sur le marché de Lille. Le prévôt me donna deux hommes de garde en mon logis, pendant qu'on tenait les informations des insolences qu'icelui Saint-Saulieu m'avait faites. »

L'intervention de la justice mit fin aux terreurs d'Antoinette et aux exigences de son singulier adorateur. Saint-Saulieu ne s'était pas contenté de l'effrayer par ses menaces ; il scandalisait les dévotes de Lille en publiant qu'elle avait été sa maîtresse. Non seulement il dut promettre de ne plus troubler son repos, de ne plus paraître auprès d'elle, mais il rétracta publiquement ses mauvais propos et déclara qu'il connaissait Antoinette « pour fille de bien et d'honneur ».

L'hypocrite se consola de sa mésaventure en séduisant une des disciples de son ancienne amie, qu'il emmena avec lui à Gand et qu'il rendit enceinte. « Après quoi, dit Antoinette, il ne la voulut point épouser qu'après beaucoup de prières et de devoirs faits par ladite fille, qui enfin par sa grande humilité lui amollit le cœur, et il l'épousa fort peu de temps avant qu'elle s'accouchât d'un enfant. Il a vécu aussi bien qu'elle fort peu chastement, se plaisant autant ès discours impudiques qu'il avait fait auparavant ès discours divins. »

III

A l'instigation de Saint-Saulieu, Antoinette s'était laissée aller à «entreprendre une maison d'enfants», c'est-à-dire à prendre la direction d'un orphelinat fondé par un marchand de Lille pour les fillettes abandonnées du pays (1653). En 1658, elle y revêtit l'habit de l'ordre de Saint-Augustin, et obtint de l'évêque d'être *recluse*, de sorte qu'aucun Saint-Saulieu n'eut plus l'occasion de l'approcher. L'orphelinat commença par marcher à souhait et compta bientôt plus de cinquante enfants. Mais la directrice était trop convaincue de leur malice pour les élever avec affection. Elle paraît les avoir traités durement, usant fréquemment des verges, leur parlant du diable plus que de Dieu et de l'enfer plus souvent que du paradis. «Mes filles d'assistance, avoue Antoinette, murmuraient que je parlais toujours de damnation, et je ne pouvais faire autrement.»

Ce beau régime porta ses fruits : à force d'entendre le nom du diable, les enfants se persuadèrent qu'elles en étaient possédées. Une véritable épidémie, dont les détails sont curieux à étudier, se déclara parmi elles en 1661. Une enfant, ayant été mise en prison pour quelque méfait, en sortit sans qu'on lui eût ouvert la porte, prétendant qu'«un homme» l'avait délivrée. Or, il ne pouvait entrer aucun homme à l'hôpital de Notre-Dame-des-Sept-Douleurs. Trois mois après, une autre fille, qu'on voulait fouetter pour la punir d'un vol, déclara que «le diable lui faisait faire ses larcins, qu'il venait de nuit auprès d'elle». Elle avait reçu du diable une marque à la tête, à preuve que l'on y enfonça une épingle longue d'un doigt sans qu'elle éprouvât aucune douleur. Successivement, toutes les filles avouèrent qu'elles avaient fait pacte avec le diable, qu'il les conduisait de nuit dans son château, les conviait à des banquets magnifiques et leur enseignait des choses abominables. Antoinette n'était pas convaincue : «Et pour montrer qu'elles n'avaient ni bu ni mangé au sabbat, il ne fallait que voir cela à leur appétit du matin, qu'elles mordaient de si bon cœur en de grosses tartes de beurre!» Cependant, elle fit appel aux prêtres, qui déclarèrent les enfants ensorcelées, et les soumirent à toutes sortes d'exorcismes, à raison de deux heures par jour pour chacune. Rien n'y fit. Le bruit finit par se répandre au dehors et fut exploité par les jésuites. Les magistrats de Lille commencèrent une enquête, et Antoinette dut comparaître devant eux. On ne la condamna point, mais elle s'aperçut que sa situation était périlleuse, entre les dévotes de Lille, qui la traitaient de sorcière, et les enfants qui, dans leur malice, faisaient mine de vouloir l'empoisonner avec des «boulettes» que leur donnait le diable. Elle n'eut d'autre ressource que de quitter la maison et se réfugia en 1662 à Gand.

Peu de temps après, étant à Malines, Antoinette fit la rencontre de Christian de Cort, supérieur des Frères de l'Oratoire et directeur d'une maison de refuge pour enfants pauvres. «C'était, dit Poiret[5], un homme tout de zèle pour Dieu, tout de charité pour le prochain, tout dégagé et désintéressé pour l'égard de soi même; il aurait prodigué mille vies, s'il en avait eu autant, pour la gloire de Dieu et pour le salut des hommes.» Christian se prit d'admiration pour Antoinette et lui demeura fidèle jusqu'à la mort. «Lorsque Dieu le donna à Mlle Bourignon, ajoute le biographe, ce fut d'une manière toute particulière, et même comme le premier de ses enfants spirituels, au sujet duquel elle ressentit de grandes douleurs corporelles *et comme de pressantes tranchées d'un enfantement.*» On prétendit que ces douleurs mystiques ne furent jamais épargnées à Antoinette quand elle recruta quelque nouvel adhérent à sa doctrine. Un de ceux qu'elle convertit à cette époque était l'archidiacre de Christian de Cort. Un jour qu'ils causaient tous les deux avec Antoinette, M. de Cort fit remarquer qu'elle avait ressenti beaucoup plus de douleurs pour lui que pour l'autre, lorsqu'ils s'étaient résolus «de naître de nouveau selon Dieu». Alors l'archidiacre, qui était petit et fluet, regardant M. de Cort, qui était fort gros, répondit en riant: «Ce n'est pas merveilles que notre Mère ait souffert plus de travail pour vous que pour moi, car vous êtes un si gros enfant, au lieu que j'en suis un tout petit.» Le biographe ajoute qu'on s'amusa fort «de cette belle défaite», preuve que dans ce monde d'illuminés et de mystiques, la grosse gaieté flamande ne perdait pas tous ses droits.

Christian de Cort était affligé de visions. A plusieurs reprises, il crut que Dieu lui donnait un ordre: c'était d'avancer toute sa fortune à quelques personnes de sa famille qui avaient formé le dessein de relever par un endiguement l'île de Nordstrand, dans le pays de Holstein, submergée en 1634, pour s'y tailler un petit royaume où les amis de Dieu pourraient trouver un refuge contre les persécutions des impies. Ces «amis de Dieu», que les visions ne désignaient pas plus clairement, lui parurent être les jansénistes. Dès 1657, l'endiguement étant achevé, Christian s'était mis en relations avec Arnauld et vendait aux jansénistes des parcelles de l'île, que l'on croyait appelées à un grand avenir en vertu des pri-

---

[5] Ce Poiret était un cartésien protestant, devenu disciple enthousiaste d'Antoinette Bourignon; il écrivit sa vie, réunit ses œuvres, et eut plus tard l'occasion de publier *les Poésies et Cantiques* de Mme Guyon.

vilèges concédés, en 1652, par le duc de Holstein-Gottorp. Décidé à s'y établir lui-même, il invitait Antoinette à le suivre, et cette proposition fut la cause de leurs malheurs.

Antoinette hésita d'abord à se rendre en pays protestant. On lui avait, dès son enfance, inspiré la haine des hérétiques. «On enseigne aux enfants, écrivait-elle, qu'il vaut mieux de converser avec un diable qu'avec un luthérien, un calviniste ou autres. Si bien que ma nature répugnait fort d'aller en la Hollande, en pensant que les personnes de là étaient toutes monstrueuses. Et je ne m'y aurais pu résoudre, ne fût que feu M. de Cort me désabusait en m'assurant qu'il y avait entre les personnes non romaines autant de gens de bien que parmi les catholiques. Ce que j'ai trouvé par expérience être véritable.» Dans son embarras, elle consulta sa voix intérieure. On lui répondit «que ce n'étaient pas ces différences vulgaires de religion qui donnaient le salut, mais que c'étaient l'amour de Dieu et la vertu, lesquels il fallait aimer en toutes personnes qui y aspiraient, sans avoir égard à quelque religion extérieure dont ils fissent profession». Les conseils de la «voix intérieure» et de M. de Cort n'étaient décidément pas tous à mépriser.

Antoinette passa l'année 1668 à Amsterdam, occupée à publier ses premiers écrits, attendant que tout fût prêt à Nordstrand pour l'y recevoir. Elle fit d'abord imprimer une «*Lettre au Doien de Lille touchant à l'état du monde et les jugements de Dieu*», puis «*la Lumière du monde*», premiers livres qui devaient être suivis de beaucoup d'autres. Amsterdam était alors très agitée par les querelles religieuses; Antoinette, avec son fidèle disciple, devint bientôt le point de mire de la polémique et le centre de ralliement des esprits enclins au mysticisme, théologiens, philosophes et même rabbins. On savait qu'elle devait aller s'établir à Nordstrand, et les offres de compagnie ne lui manquaient pas. Parmi ceux qui s'abouchèrent avec elle fut le célèbre Jean Charles de Labadie, d'abord jésuite, puis prêtre séculier, que la haine de ses anciens confrères, dont il avait quitté l'ordre en 1639, poursuivait avec un acharnement qui s'attaquait non seulement à ses doctrines, mais à ses mœurs. Lié avec les jansénistes et persécuté avec eux, il s'était converti en 1650 à la religion reformée. Une vocation de l'Église de Middlebourg en Zélande l'appela dans les Provinces-Unies, où l'exaltation de son mysticisme batailleur l'entraîna dans un nombre infini de querelles. Comme il affirmait que l'Écriture ne suffisait pas à conduire les hommes au salut, et qu'il y fallait encore des révélations particulières du Saint-Esprit, il était plus à même de s'entendre avec Antoinette qu'avec les protestants. Ses disciples et lui offraient de grosses sommes pour acquérir droit de résidence à Nordstrand et M. de Cort était tout prêt à leur céder. Antoinette s'y opposa et déclara que, si Christian de Cort se rendait dans l'île avec Labadie, elle refusait de l'y accompagner. «Je sens et sais, disait-elle, que nous ne pourrions jamais nous accorder par ensemble. Leurs sentiments et l'esprit qui les anime sont tout contraires à mes lumières et à l'esprit qui me gouverne.» Ce n'étaient pas des dissentiments théologiques qui étaient en cause, car, si Antoinette différait de Labadie sur la doctrine de la prédestination (elle n'a jamais cessé d'affirmer hautement le libre arbitre), le mysticisme qu'elle professait ressemblait assez à celui de l'ancien jésuite. Mais son humeur impérieuse ne pouvait souffrir un partage d'autorité. Ce qu'il lui fallait, c'était un disciple aveuglément soumis, un fils spirituel, un secrétaire de ses commandements comme Christian de Cort.

Bien qu'elle nous dise que son naturel «s'incline assez à la douceur et à la modestie», il faut bien avouer qu'Antoinette n'avait pas un caractère sociable. Si l'on trouve dans ses écrits cette belle pensée: «La vraie humilité consiste en une connaissance intérieure de son néant», elle n'a jamais fait consister l'humilité chrétienne dans l'effacement de soi-même, ni dans cette atténuation de nos jugements qui introduit la courtoisie dans les discussions. Loin de là, elle invoquait les prophètes et les apôtres pour réclamer le droit de dire les choses comme elle les sentait, souvent avec une violence injurieuse, parfois avec cynisme. «Je tiens, écrivait-elle, que certaines façons étudiées de douceur et de modestie sont des hypocrisies devant Dieu.» Et ailleurs: «Je bénis Dieu qu'il m'ait donné le don de force pour résister au mal, et de la colère pour faire voir aux hommes que je suis ennemie d'injustices et de mensonges.» Elle se résignait sans peine aux conséquences de son humeur intraitable. «De mépris et de persécutions, j'en ai déjà tant souffert qu'ils me sont tournés en habitude.» Sa franchise, ou, si l'on veut, son orgueil, lui en prépara de nouveaux. Elle se brouilla successivement avec les Anabaptistes, les Labadistes, les Cartésiens, les Trembleurs, et ne le regretta point. Car un jour, comme elle se plaignait à Dieu de souffrir tant de persécutions pour la vérité, elle reçut de lui cette réponse: «Je n'ai rien de meilleur à donner à mes amis.»

IV

Christian de Cort ne tarda pas à se trouver dans une situation fort embarrassante. Une première brouille avait éclaté, en 1665, entre les jansénistes et lui. Pontchâteau, envoyé à Nordstrand en 1661, en était revenu avec une impression très défavorable. Arnauld, Nicole et Pontchâteau lui-même voulaient revendre leurs concessions, et ne trouvaient pas d'acquéreurs. Vers la fin de 1668, M. de Cort se prit de querelle avec les Pères de Malines, auxquels il avait concédé les dîmes de Nordstrand, mais à la condition qu'ils payassent ses dettes, ce que l'Oratoire ne faisait pas. Il en résulta des discussions violentes, au cours desquelles M. de Cort fut censuré par un évêque, en homme «qui convoitait les biens de ce monde au dommage de ceux qu'il avait trompés en vendant les terres de Nordstrand». On lui reprochait encore d'être adonné à la boisson et de s'être laissé séduire par une fille de Lille «avec laquelle il demeurait, au grand scandale de chacun». Cette dernière injure était intolérable, car elle visait Antoinette. «Gardez-vous bien de toucher la prunelle des yeux de Dieu! répliquait M. de Cort. Je suis l'homme le plus heureux du monde d'avoir eu le bonheur de la connaître; si jamais j'ai été bon chrétien, c'est depuis que je l'ai connue; si jamais j'ai été chaste, c'est depuis que j'ai familiarité particulière et chrétienne avec cette vierge, épouse de Dieu!»

Au mois de mars 1669, Christian de Cort fut jeté en prison pour dettes à la requête des jansénistes, qui réclamaient la restitution de leurs capitaux, alléguant que les terrains de Nordstrand étaient sans valeur. Antoinette eut beau s'agiter, offrir de payer pour son ami, adresser une lettre de reproches énergiques à Arnauld: les bons jansénistes furent implacables. Ce n'est que par une erreur d'un officier de justice que Christian de Cort put sortir de prison, après dix mois de souffrances. Il partit immédiatement pour le Holstein, mais y mourut avant la fin de l'année. Antoinette raconta qu'un médecin, qui s'était présenté à Christian comme son ami, lui avait fait boire du poison.

Par son testament, il léguait tous ses biens à sa directrice. Ce fut pour elle la source de nouveaux tracas, car elle héritait des procès de son disciple. Aux haines théologiques qu'elle avait éveillées vinrent s'ajouter des jalousies et des convoitises. Elle tomba gravement malade: à peine rétablie, elle apprit qu'on voulait l'emprisonner pour complicité avec Christian de Cort dans l'affaire de Nordstrand. Au mois de décembre 1669, elle quitta Amsterdam au milieu de la nuit, cachée dans un grand panier et se dissimula pendant onze mois dans les environs de la ville. Puis elle se rendit à Harlem ; sa voix intérieure la poussait toujours à prendre possession de Nordstrand. Enfin, en 1671, elle se décida à gagner le Holstein où de cruelles déceptions l'attendaient encore.

Le duc de Holstein-Gottorp l'accueillit avec beaucoup d'égards ; mais les Pères de l'Oratoire de Malines prétendaient garder Nordstrand pour eux. Antoinette se sentit bientôt impuissante contre leur cupidité. Elle ne devait jamais mettre les pieds dans cette Terre promise, devenue une terre de désolation, après avoir éveillé tant d'espérances. Une vingtaine de familles de la Frise, converties à sa doctrine, s'étaient réunies à Husum, où Antoinette leur avait préparé un logis et alla bientôt les rejoindre (juillet 1672). Mais, au lieu de saints disposés à la vie évangélique, elle ne trouva qu'un amas de paresseux « qui semblaient être venus comme à une foire de village ». Il fallut les éloigner peu à peu. Elle écrivait à cette époque une foule d'ouvrages et avait même fait venir de Hollande une imprimerie pour les répandre plus facilement. Mais les sectaires attaqués par elle ne laissaient pas de répondre, sans même épargner sa réputation de chasteté. Un calviniste, Berkendal, lui reprocha méchamment d'avoir plus d'hommes que de femmes autour d'elle. Antoinette répondit : « C'est à cause qu'ils sont en conscience qu'il ne saurait faire cela sans pécher ». Deux ministres luthériens publièrent qu'on avait brûlé des hérétiques moins dangereux. Les disciples de Labadie, qui n'avaient pas oublié la rebuffade subie par leur maître, criaient plus fort que les autres. Finalement, ils obtinrent que l'on fermât l'imprimerie d'Husum et, en 1673, Antoinette dut se retirer à Flensbourg.

Aussitôt, les ministres excitèrent le peuple contre elle et peu s'en fallut qu'elle ne fût mise en morceaux. Les enfants même criaient par les rues : « Où est-elle donc, cette Antoinette ? Les étudiants n'étaient pas moins acharnés contre la *Circé*, la *Sorcière*. Elle s'enfuit et revint clandestinement à Husum (1674). La persécution y recommença de plus belle. Le domicile d'Antoinette fut envahi, ses armoires forcées, ses livres et papiers confisqués ou déchirés. Le hasard voulut qu'une feuille de son *Traité de la solide vertu* tombât ainsi entre les mains du général Van der Wyck, qui fut touché de la grâce en la lisant. Ce n'était pas assez de supprimer les livres d'Antoinette : il fallait l'obliger à se taire. Accablé des plaintes continuelles des prêtres, le duc de Holstein finit par se laisser arracher un ordre d'emprisonnement perpétuel. Le général Van der Wyck devait aller saisir Antoinette à Husum. Mais ce soldat n'avait pas lu en vain deux pages du *Traité de la solide vertu*. Il court chez le duc et proteste que sa conscience lui défendait de conduire en prison une personne que l'on n'avait même pas entendue. Le duc révoque la sentence. « Il serait à souhaiter, remarque à ce propos le biographe, que les grands agissent constamment de la sorte et qu'ils ne se défiassent de rien davantage que de leurs prêtres. »

Le luthérien Burchardus se vengea de son échec par un in-quarto écrit en allemand, où il accusait Antoinette de nier le mystère de la Sainte-Trinité et la divinité de Jésus-Christ. Wolfgang Ouw, prêtre à Flensbourg, lui fit écho avec un in-octavo, « ouvrage digne d'un paysan plein de vin qui maugrée, jure, dastigote et déteste contre la personne Melle Bourignon ». Ils espéraient qu'elle répondrait, car il lui avait été fait défense de rien publier et ils attendaient, pour faire intervenir le bras séculier, que la colère lui fît enfreindre cette interdiction. C'en était trop. Au fort de l'hiver de 1674, par six pieds de neige, Antoinette quitta Husum pour Slesvig, déguisée en paysanne, un panier au bras. Tout le pays était en alarme contre elle. La pauvre réformatrice eut mille peines à trouver une chambre dans une hôtellerie borgne, avec un plancher sans paille pour tout lit. Pendant ce temps, sa belle-mère et sa belle-sœur, prétextant la guerre entre la France et la Hollande, faisaient confisquer ses biens à Lille. Dans cette extrémité, elle ne perdit point courage et répondit au gros libelle de Burchardus en écrivant *La Pierre de touche*. Enfin, grâce à l'influence du général Van der Wyck, un revirement commença à se produire en sa faveur. Les feuilles de ses ouvrages lacérés, employées à envelopper du tabac ou du fromage, s'étaient répandues dans le peuple ; beaucoup de gens les avaient lues avec émotion. Même les soldats, qui fumaient et buvaient dans les tavernes, commençaient à dire que l'auteur de ces pages touchantes n'était pas la sorcière dont les prêtres leur parlaient au prône. Le Grand Président, M. Kielmann, alla jusqu'à promettre à Antoinette de s'occuper de lui faire remettre son hérédité de Nordstrand, que les Oratoriens de Malines détenaient injustement. Elle put louer une grande maison, se montrer, réunir des amis et respirer à l'aise après tant d'angoisses.

Mais le clergé holsteinois ne désarma pas : il fallait à tout prix empêcher Antoinette de prendre possession de Nordstrand, où elle serait libre de ses paroles et de ses écrits. On voulait qu'elle s'engageât à ne rien faire imprimer et qu'elle se déclarât responsable des actes et même des paroles de ses disciples. Il y eut à ce sujet de longues conférences qui n'aboutirent pas. Enfin, à l'instigation du Président, Antoinette présenta au duc une profession de foi très courte, datée de mars 1675, qui réduisait les accusations d'hérésie à néant. Sur ces entrefaites, il survint des troubles dans le pays ; le roi de Danemark vint à Slesvig et les prêtres profitèrent de l'occasion pour solliciter du conseil royal l'arrestation de leur éternelle ennemie. Une main inconnue écrivit sur sa porte : *Memento mori*. Antoinette se réfugia à Hambourg (mars 1676).

« Comme il y a partout, dit Poiret, des diables et des prêtres, on peut juger par avance du traitement qu'elle devait y attendre. » On lui refusait un abri ; elle dut accepter, pendant quinze mois, une chambrette dans le logement d'un homme de guerre. Elle lavait elle-même son linge et se servait en tout, craignant d'appeler l'attention sur elle ; le temps qui lui restait était employé à écrire, et Dieu sait qu'elle ne s'en faisait pas faute ! Quelques amis fidèles recueillirent aussi ses conversations, leurs questions et ses réponses. Le 11 juin 1677, les prêtres luthériens, avertis de sa présence, s'assemblent en consistoire et députent deux d'entre eux vers le magistrat pour lui demander de ne pas tolérer dans la ville une femme qui y propage l'hérésie. Informée à temps, elle se sauva dans un grenier. Les sergents fouillèrent vainement le domicile d'Antoinette, d'où ils emportèrent une charretée de livres, mais ne purent découvrir sa retraite. Pendant qu'on prêchait contre elle dans tous les temples, la malheureuse saisit une occasion pour quitter Hambourg et se réfugia dans la Frise orientale, où elle prit la direction d'un orphelinat.

Plusieurs de ses fidèles de Slesvig vinrent l'y rejoindre, ainsi que ses rares colons de Nordstrand, qu'elle abandonnait, de guerre lasse, aux Oratoriens. Sa santé s'était affaiblie à la suite de tant de traverses. En 1679, un de ses familiers, dont elle avait traité dédaigneusement les chimères mathématiques, la quitte brusquement et se met à la diffamer ; ses domestiques profitent de sa maladie pour la voler et essayent même de la faire mourir. Enfin, une dénonciation calomnieuse est portée contre elle : on l'accuse d'avoir torturé un enfant de huit ans. Quoique malade, elle crut nécessaire de fuir encore, pour échapper à cette inepte machination. Les routes étaient dans un état épouvantable, les fièvres régnaient partout et Antoinette s'était mise en voyage sans savoir au juste où elle allait. Arrivée à Francker, elle fut prise d'une crise violente et expira le 30 octobre 1680, entre deux vieilles femmes qui ne la connaissaient pas, sans qu'aucun de ses disciples fût présent pour recueillir ses dernières paroles. « Ainsi mourut en pauvre exilée, dit Poiret, Antoinette Bourignon, *la plus pure âme et la plus divinisée qui ait été sur la terre depuis Jésus-Christ* ». Elle voulut « qu'on ensevelît son corps de la manière la plus simple et la plus basse, au plus tôt et sans bruit », ce qui fut fait. Son biographe nous dit encore que, bien qu'ayant dépassé la soixantaine, elle ne portait pas plus de quarante ans et que, malgré le nombre prodigieux de ses écrits, sa vue était restée si bonne qu'elle n'avait jamais fait usage de lunettes. Mais, en dehors de quelques indications vagues de Poiret, nous ne savons rien de son apparence physique ; Antoinette n'avait permis à aucun peintre de faire son portrait, par modestie d'abord, et puis par crainte d'être reconnue.

Cette femme, qui avait tant enseigné, ne laissa qu'un très petit nombre de disciples. Loin d'augmenter avec le temps, la troupe de ses fidèles des deux sexes avait diminué sans cesse, par suite de la difficulté que l'on éprouvait à vivre avec elle et à subir les assauts orgueilleux de son humeur. Ses servantes même l'avaient abandonnée. Mais après sa mort, en Écosse, le *bourignonisme* se réveilla. La *Lumière du monde* fut traduite en anglais, avec une préface où Antoinette était qualifiée de prophétesse. Un docteur en théologie, Cockburn, répondit par un livre intitulé : *Bourignianism detected, sive detectio Bourignianismi*, où il s'attacha à démontrer que la Bourignon n'avait pas été inspirée et que Dieu ne lui avait pas donné mission de réformer le christianisme. Les Bourignonistes d'Écosse ne se tinrent pas pour battus et la polémique durait encore dans ce pays en 1699, au moment où Bayle écrivait, pour son *Dictionnaire*, l'article spirituel autant qu'injuste dont toutes les notices sur Antoinette se sont inspirées.

V

Les œuvres d'Antoinette Bourignon remplissent dix-neuf volumes que presque personne, depuis le XVIIᵉ siècle, n'a eu le courage de lire. Je me suis assuré que l'exemplaire de la Bibliothèque nationale n'avait pas été ouvert avant moi. Il y a là matière à une longue étude, que nous pouvons seulement esquisser ici à grands traits.

Antoinette s'est toujours défendu de vouloir établir une religion nouvelle. A ceux qui venaient lui demander de les initier à la sienne, elle répondait : « Ayez recours à la doctrine de Jésus-Christ, qui est dans l'Évangile ; je n'en ai point d'autre. » Elle n'avait aucun goût pour les obscurités de la théologie, où les chrétiens ont surtout trouvé prétexte à leurs divisions. Comme on la questionnait un jour sur la Trinité, dont les prêtres l'accusaient de faire consister tout le mystère dans la Justice, la Vérité et la Bonté de Dieu, elle répondit : « Je n'ai pas eu dessein de vouloir approfondir ce mystère et dire que tout consistait en cela, mais que c'était là la plus utile et la plus salutaire considération que l'on doit avoir au sujet de la Sainte Trinité, dont les spéculations ordinaires sont souvent et téméraires et inutiles, et la plupart injurieuses à Dieu. » Une autre fois, elle parlait de la Présence réelle : « Voilà ainsi qu'on se débat par tout le monde, et les chrétiens se haïssent l'un l'autre pour cette différence de croyance. Il aurait été bien plus utile aux chrétiens, ce me semble, de demeurer unis par ensemble en la charité, que Jésus-Christ nous a tant recommandée, que se diviser et quereller et tuer l'un l'autre sur des formalités semblables. » Cela fait partie d'un livre intitulé *Tombeau de la fausse théologie*, auquel il ne manque, pour être célèbre, que d'avoir trouvé de nos jours quelques lecteurs.

Comme il ne peut être question de la théologie d'Antoinette, voyons en quoi consistait son mysticisme.

Il y a quelques tendances générales qui sont communes au mysticisme de tous les temps. Le mystique a horreur de l'autorité et de la règle ; il se prend pour un être privilégié, en communication au moins intermittente avec Dieu ; il n'accepte la tradition écrite qu'à condition de l'interpréter à sa manière. L'inspiration directe lui permettant de lire dans l'avenir, il prophétise, et, comme les hommes sont plus sensibles à la crainte qu'à l'espoir, il se plaît généralement à annoncer des malheurs comme le châtiment prochain du mal qui se fait. Son commerce avec Dieu, en sanctifiant son esprit, lui inspire le mépris de la chair. Ce qui le frappe surtout dans le mal moral, ce sont les péchés auxquels les sens nous inclinent. S'il n'est pas toujours chaste, le mystique adore la chasteté.

Tous ces traits se retrouvent chez Antoinette. Elle professait une aversion passionnée pour la raison et la logique. Elle considérait la doctrine des Cartésiens comme «la plus maudite de toutes les hérésies, un athéisme formel, une réjection de Dieu, dans la place duquel la raison corrompue se substitue». Elle raillait les philosophes de vouloir comprendre ce qui n'est intelligible que par l'illumination de la foi divine, ajoutant que la vaine activité de la raison, loin de conduire à Dieu, éloigne de lui en empêchant de le connaître. «La foi vive n'est point une croyance des choses qui sont faites ou passées, ou de celles qui doivent encore venir, puisque cela n'apporte non plus d'effet à nos âmes que la croyance des histoires que nous entendons. Mais la foi vivante et opérante est une divine lumière que Dieu a plantée en nos âmes, par laquelle nous connaissons les choses éternelles.» Et ailleurs: «On apprend davantage par un petit rayon de la lumière du Saint-Esprit que par cent ans d'études bien assidues.»

Antoinette s'irrite contre les ministres de tous les cultes, parce qu'elle ne veut pas admettre d'intermédiaire entre Dieu et elle. «Pour savoir ce que l'on doit croire, retourner à Jésus-Christ que l'on n'imite en rien... Les religieux ne sont pas plus saints pour avoir fait des vœux et porter un habit particulier. Les pompes et les vanités sont souvent plus grandes sous un pauvre habit de religieux que sous la pourpre des rois.» Les exercices liturgiques de la religion lui sont odieux, non seulement à cause de leur formalisme, mais parce qu'ils manifestent le principe d'autorité et de tradition. Tout ce qui semble détourner la foi de l'idéalisme pur, les pèlerinages, le culte des images et des reliques, n'a pas eu d'ennemi plus acharné qu'Antoinette, même parmi les théologiens protestants.

Elle ne cessait d'annoncer la fin prochaine du monde, prélude de sa régénération en Jésus-Christ. «On est arrivé au Jugement général, parce qu'il n'y a plus de vrais chrétiens sur la terre, en quelque religion que ce soit.» Elle disait avoir connu en vision le Diable incarné qui devait être l'Antéchrist matériel et professait, sur son origine, une théorie bizarre, fondée sur la croyance aux incubes. Quant à l'Antéchrist au sens spirituel, c'était la corruption des mœurs, le désordre qui régnait dans les Églises, l'oubli des enseignements évangéliques. «L'on pense que l'Antéchrist ne régnera pas sur la terre, sinon quand on le verra corporellement, ce qui est une grande erreur. Car il règne, passé longtemps, par sa doctrine et son esprit d'erreur et on ne le connaît pas!»

Mais, à d'autres égards, et par des qualités qui lui sont particulières, Antoinette se distingue de la foule des mystiques.

Née dans le catholicisme, persécutée à la fois par les catholiques et par les réformés, elle s'est élevée à la conception de la tolérance, d'une religion supérieure aux religions. Pour elle, l'amour de Dieu est au-dessus de toute forme confessionnelle ; c'est la seule loi qui nous affranchit de l'égoïsme et rend faciles les autres vertus. « Celui qui conserve en son cœur l'amour de Dieu ne peut jamais pécher, vu que le péché n'est rien en soi qu'un détour de Dieu pour se tourner vers les créatures. Celui qui aime Dieu de tout son cœur accomplit le Vieux et le Nouveau Testament. » Et ailleurs : « Dieu m'a envoyée hors de l'Église romaine afin que je connusse aussi les autres par expérience. Je tiens à m'exercer en la pratique des enseignements de Jésus-Christ, sans mépriser nulle de ces religions en particulier, mais estimant d'icelles ce qu'elles ont de bon et conforme à l'Évangile. J'aime maintenant les gens de bien partout où je les trouve, sans m'informer si elles sont romaines ou non. Car quel sujet me donne un homme de bien à le haïr en bien vivant, à cause seulement qu'il ne s'appelle point catholique, vu qu'il peut être, en effet, plus catholique que le plus saint des romains ? » Antoinette pousse la tolérance jusqu'à louer les juifs, pour leur invincible attachement à l'idée messianique et les longues souffrances qu'ils ont endurées : « Je ne doute nullement que les juifs seront encore les premiers au Royaume des Cieux, à cause qu'ils ont été si humiliés et méprisés en ce monde, en quoi ils ont plus imité Jésus-Christ que les chrétiens. » Tout le passage dont ces lignes sont tirées est extraordinaire pour le XVIIᵉ siècle[6].

Par l'idée qu'elle se fait du Messie, Antoinette est plus voisine du judaïsme que de la théologie chrétienne. Chose singulière chez une mystique, elle ne croit pas à la destruction du monde matériel, au règne du pur esprit. Malgré le *Solvet sæclum in favilla*, c'est sur terre qu'elle attend, qu'elle annonce la venue de Jésus-Christ, sa domination sur l'humanité purifiée et unie à lui « de corps et d'âme, par les liens d'un pur amour ». « Le monde durera éternellement, nulles créatures ne mourront en leurs espèces… Dieu n'a pas créé ce monde pour le détruire et en faire un nouveau, comme s'il pouvait avoir manqué en créant le premier, et l'univers n'a pas été créé seulement pour être l'objet de nos misères, puis détruit à la fin. Quand on dit que le monde finira, c'est une manière de parler qui doit nous faire entendre que toutes les œuvres mauvaises des hommes finiront… Quand tout sera purgé du mal, toutes choses subalternes seront soumises à cette noble créature qui est l'homme, pourvu qu'il soit lui-même soumis à son Dieu. »

---

[6] *La Lumière du monde*, t. II, p. 197.

Elle en veut aux chrétiens de «rejeter la venue de Jésus-Christ en gloire, quoi-qu'elle soit vérifiée par tous les grands prophètes, les apôtres et Jésus-Christ lui-même». C'est précisément cette attente de la venue glorieuse du Messie qui est, à ses yeux, un titre d'honneur pour les juifs.

Antoinette a soutenu avec passion la doctrine du libre arbitre, allant jusqu'à nier la prescience divine, par la raison que Dieu, dans sa bonté, ne *voulait* pas savoir ce que devaient décider les hommes. «Dieu ne pense qu'à ce qu'il lui plaît, et, ayant voulu créer l'homme libre, il n'a pas voulu borner les événements par sa prévoyance.» L'argument, au point de vue philosophique, peut sembler faible; mais cet attachement à l'idée de la liberté n'est pas ordinaire chez les mystiques. Il révèle, à défaut de la biographie d'Antoinette, l'énergie de sa nature, à laquelle les délices de la contemplation ne suffisaient pas.

Sans prêcher l'égalité sociale de l'homme et de la femme —car elle ne s'oc-cupe pas de questions sociales— Antoinette n'a jamais admis que son sexe dût imposer quelque réserve à la liberté de sa parole et de sa pensée. «Il est difficile aux hommes de confesser que le Saint-Esprit puisse habiter dans l'âme d'une femme autant que dans celle d'un homme, parce qu'ils veulent demeurer les maîtres en Israël; mais il n'y a point de différence entre l'âme d'un homme et celle d'une femme: cela ne regarde que la nature corporelle, et non l'esprit et la volonté.»

De cette liberté de tout penser et de tout dire, Antoinette a donné une preuve singulière par sa doctrine de l'amour physique. Comme la Diotime du *Banquet* de Platon, elle n'a pas reculé devant des questions dont s'effarouche la pruderie des modernes, et elle les a traitées avec une crudité d'expression dont les écrits des femmes dévotes n'offrent pas d'exemple. Pourtant, et malgré les calomnies dont elle fut l'objet, il est certain que ses mœurs sont restées pures. Ses disciples ne se contentaient pas de louer sa chasteté: ils lui attribuaient le don de rendre chastes ceux qui l'approchaient. Voici ce qu'elle écrivait elle-même en 1673: «J'ai été chaste de tout temps; Dieu m'a délivrée, dès ma tendre jeunesse, des désirs charnels, pour m'en donner de spirituels, lesquels me restent encore à présent dans l'âme.» On serait mal venu, sur la foi de quelques pages un peu grossières, à contester le témoignage qu'elle se rendait avec tant de simplicité.

Pour comprendre les idées d'Antoinette en la matière délicate que nous abor-dons, il faut remonter jusqu'aux origines du mysticisme chrétien: c'est un an-neau d'une chaîne qui est encore loin d'être brisée.

VI

La question des rapports de l'homme avec la femme a été, dès les premiers jours de l'Église, un sujet d'inquiétude pour les fidèles et, pour les esprits absolus, une source d'hérésies sans cesse renaissantes. Jésus, bien qu'ayant vécu plus de trente ans, ne s'était pas marié ; il n'avait conseillé à personne le mariage ; il avait dit, suivant saint Matthieu : « Il y a des eunuques qui l'ont été de naissance et d'autres qui ont été faits tels par les hommes ; mais il y a aussi des eunuques qui se sont faits tels eux-mêmes, en vue du royaume des cieux. » C'est l'interprétation littérale de cette dernière parole qui égara le grand Origène et a fait des victimes jusqu'en notre temps. L'Église, née pour régner et pour vivre, ne glissa jamais sur la pente des exagérations ascétiques. Elle prit résolument position avec saint Paul : « Si tu te maries, tu ne pèches point, et si une vierge se marie, elle ne pèche point. — Si tu n'es pas lié à une femme, n'en recherche pas une ; mais il vaut mieux se marier que d'être en proie au désir. » Ainsi, le grand apôtre faisait du mariage une concession à l'infirmité humaine, écartant, du moins par son silence, la doctrine de l'antiquité classique et du livre de *Tobie*[7], qui assigne pour but unique à l'union sexuelle la procréation des enfants.

La discussion soulevée par ces textes a duré pendant des siècles ; mais l'Église n'a pas cessé de professer une opinion moyenne qui fait la part des intérêts de la société et des désirs naturels de l'individu. « Ne croyez jamais rien de bon de ceux qui outrent la vertu, dit Bossuet : le dérèglement de leur esprit, qui mêle tant d'excès dans leurs discours, introduit mille désordres dans leur vie. » Et plus loin, en parlant des Vaudois, Bossuet écrit ces phrases caractéristiques : « Les protestants accusent Renier de calomnier les Vaudois en leur reprochant qu'ils condamnent le mariage ; mais les auteurs tronquent le passage, et le voici tout entier : « Ils condamnent le sacrement du mariage, en disant que les mariés pèchent mortellement lorsqu'ils usent du mariage pour une autre fin que d'avoir des enfants » ; par où Renier fait voir seulement l'erreur de ces superbes hérétiques qui, pour se

---

[7] Prière de Tobie, quand il est enfermé avec Sarah dans la chambre nuptiale : « Seigneur, je prends ma sœur que voici, non pour le plaisir des sens, mais à cause du désir d'avoir des enfants qui te bénissent à l'avenir ». Tel est, du moins, le texte de la Vulgate ; celui du livre grec de Toble est obscur. Voir Reus., *La Bible*, t. VIII, p. 601.

montrer au-dessus de l'infirmité humaine, *ne voulaient pas reconnaître la seconde fin du mariage, c'est-à-dire celle de servir de remède à la concupiscence*. C'est donc à cet égard seulement qu'il accuse les hérétiques de condamner le mariage, c'est-à-dire d'en condamner *cette partie nécessaire*, et d'avoir fait un péché mortel de ce que la grâce d'un état si saint rendait pardonnable. » (On ne sait pas assez que le plus sévère des moralistes modernes, Kant, dans sa *Doctrine de la vertu*, s'est mis résolument du côté des Vaudois contre Bossuet et l'orthodoxie).

Il n'en restait pas moins avéré que, dans la pensée même des fondateurs du christianisme, l'état de virginité était plus conforme à la perfection que celui du mariage : *noli quærere uxorem*. La théorie dualiste de l'antagonisme de l'esprit et de la chair, qui est plutôt latente que formulée dans les Évangiles, éclata dans toutes les hérésies gnostiques et manichéennes que l'Église naissante eut tant de mal à réprimer. Cette doctrine n'a pas laissé de traces dans le Vieux Testament. Elle est essentiellement grecque d'origine. De Platon, elle avait passé à Philon, aux néoplatoniciens, et florissait dans tout l'hellénisme oriental où le christianisme se développa d'abord. On voulut ériger en règle l'idéal de pureté, faire de la virginité une loi absolue, jeter l'anathème sur l'union sexuelle, même sanctifiée par le mariage. Dans l'Évangile apocryphe *selon les Égyptiens*, Salomé demande à Jésus jusqu'à quand régnera la mort. Il répond : *tant que les femmes enfanterons*. Le même Évangile lui faisait dire qu'il était venu détruire les œuvres de la femme, à savoir la génération et la mort. « Mon règne arrivera, aurait-il dit encore à Salomé, quand vous foulerez aux pieds le vêtement de la pudeur, quand deux seront un, quand ce qui est extérieur sera semblable à ce qui est intérieur, et que le mâle uni à la femelle ne sera ni mâle ni femelle. » C'était comme la vision d'un hermaphroditisme final, correspondant à l'hermaphroditisme initial du mythe platonicien. Dans les *Actes* non moins apocryphes de Thomas, l'apôtre arrivait en Inde à la cour d'un roi, au moment où l'on se préparait à célébrer les noces de sa fille. Le saint homme persuada si bien aux fiancés que le mariage est une souillure qu'ils passèrent la nuit assis à côté l'un de l'autre et, le lendemain, étonnèrent leurs parents par le triomphant aveu de leur continence. Le christianisme occidental ne resta pas étranger à ces tendances. « Le mariage, écrit hardiment Tertullien est une espèce de mal inférieur, né de l'indulgence. » « Et plût au ciel, s'écriait saint Augustin lui-même (il avait été longtemps séduit par le manichéisme), que tout le monde voulût s'abstenir du mariage ! La Cité de Dieu se remplirait bien plus vite et la fin du monde serait avancée d'autant ! »

A cela vinrent se joindre de bonne heure des spéculations sur le péché originel. Des esprits sérieux refusaient d'admettre que le récit de la *Genèse* dût être interprété littéralement : le fruit défendu, c'était l'union sexuelle, et la preuve, disait-on, c'est que, sitôt le péché commis, Adam et Ève avaient eu le sentiment de la pudeur. Saint Augustin a longuement traité ce sujet : tout en admettant l'interprétation littérale, il affirme que l'effet du péché, c'est-à-dire de la première désobéissance, a été de soustraire à la volonté de l'homme les mouvements tumultueux de ses sens[8]. Platon, dans le *Banquet*, avait développé une autre doctrine : suivant le mythe qu'il rapporte, l'homme aurait été créé hermaphrodite, et la différence des sexes, que l'amour tend à rapprocher, serait un châtiment infligé par Jupiter à l'orgueil humain. L'idée platonicienne pouvait trouver un appui dans un passage même de la *Genèse* : Dieu avait créé l'homme *mâle* et *femelle*, il avait créé la femme en prenant *un côté* (et non *une côte*) d'Adam — ce qui mettait la Bible et Platon d'accord. Au moyen âge, cette doctrine paraît avoir pénétré en Occident par les écrits rabbiniques ; elle y donna naissance à des hérésies que ravivèrent les Platoniciens de la Renaissance et auxquelles se rattache, par des liens invisibles, celle d'Antoinette Bourignon.

En 1203, on condamna à Paris l'hérétique Amaury de Chartres, suivant lequel, à la fin du monde, les deux sexes seraient réunis dans une même personne ; il ajoutait que si l'homme était demeuré dans l'état où Dieu l'avait produit, il n'y aurait eu nulle distinction de sexes. Au XVIe siècle, Paracelse avait proposé une théorie bizarre, très difficile à énoncer décemment, qui voyait aussi, dans la distinction des sexes, un effet du péché originel[9]. Antoinette Bourignon, qui n'avait presque rien lu en dehors de l'Évangile, ne peut avoir subi l'influence ni de Platon, ni d'Amaury, ni de Paracelse : c'est la méditation qui l'a conduite à une doctrine voisine des leurs, doctrine dont Bayle et Voltaire se sont moqués, que l'auteur d'une *Étude* anonyme sur Antoinette a passée sous silence, mais qu'il est possible de résumer sans faire injure à la chaste fille qui l'a conçue.

Antoinette croit que le règne du Christ est proche, que ce règne sera terrestre, mais succédera à la destruction du mal sur la terre. La nouvelle humanité sera le rétablissement de l'homme dans un état d'innocence d'où le péché originel l'a fait déchoir. « La résurrection des morts est le retour des corps au premier état où Dieu les avait créés. » Cet état d'innocence n'est pas celui de l'asexualité, mais une sorte d'hermaphoditisme. « Les hommes, dit-elle, croient avoir été créés de Dieu comme ils se trouvent à présent, quoique cela ne soit véritable, parce que le péché a défiguré en eux l'œuvre de Dieu. Au lieu d'hommes qu'ils devaient être, ils sont devenus des monstres dans la nature, divisés en deux sexes imparfaits,

---

[8] Saint Augustin, *La cité de Dieu*, livre XIII, chap. XIII (p. 419 de l'édition Nisard).
[9] D'autres passages des écrits de Paracelse ont autorisé Schopenhauer à le compter parmi les prédécesseurs de sa Métaphysique de l'Amour (*Welt als Wills*, t. II, p. 631).

impuissants à produire leurs semblables seuls, comme se produisent les arbres et les plantes, qui, en ce point, ont plus de perfection que les hommes ou les femmes, incapables de produire seuls, mais par conjonction d'un autre et avec douleurs et misères.» Et ailleurs: «J'attends un temps auquel on ne se mariera plus et où l'on sera délivré de ce pesant joug, pour multiplier comme les anges d'une génération éternelle. Ce sera dans le Royaume de Jésus Christ. Mais les ignorants ne le savent comprendre, tournant en raillerie ce qu'ils n'entendent point. C'est de ces moqueurs qu'il est dit *qu'ils seront moqués.*»

Il est plus difficile d'expliquer, sans blesser les convenances, comment Antoinette vit en extase la beauté du premier monde et Adam tel qu'il était avant la chute: «Il était fait comme seront rétablis nos corps dans la vie éternelle et que je ne sais si je dois dire.» Ce qui suit est trop hardi, mais peut être résumé brièvement. Antoinette se figurait Adam comme un ovipare, que rendait fécond non pas un désir brutal, mais «l'amour de son Dieu, le désir où il était qu'il y eût d'autres créatures que lui, pour louer, pour aimer et pour adorer cette grande Majesté». Mais Adam a-t-il engendré avant le péché? Antoinette va nous le dire: «Le premier homme qu'Adam produisit par lui seul en son état glorieux fut choisi de Dieu pour être le Trône de la Divinité, l'organe et l'instrument par lequel Dieu voulait se communiquer éternellement avec les hommes. C'est là Jésus-Christ, le premier-né uni à la nature humaine, Dieu et homme tout ensemble[10].» Sur quoi Poiret ajoute: «Que les profanes pourceaux ne mettent pas leurs groins ici-dedans; qu'ils demeurent plutôt dans leurs étables et dans leurs ordures, jusqu'à ce qu'on vienne les traiter en bêtes et en pourceaux!»

L'excellent Poiret se met trop fort en colère, mais il ne faut pas se hâter de rire de ces rêveries. Tout incongrues qu'elles paraissent, surtout dans l'imagination d'une fille, elles ne laissent pas d'être intéressantes pour l'histoire des idées morales au XVIIᵉ siècle. Elles offrent même, si je ne me trompe, un intérêt supérieur et plus général. Après tout, les questions troublantes auxquelles cherche à donner réponse cette métaphysique à la fois audacieuse et naïve n'ont pas cessé de tourmenter les âmes délicates, conscientes d'une contradiction cruelle entre les besoins des deux natures qui sont en nous. Dans la phase actuelle du christianisme philosophique, on se préoccupe plus du mal physique que du mal moral, de charité que de chasteté. Mais, comme la question a deux faces, l'une morale et l'autre sociale, on y revient, même à contre-cœur, par une autre voie. C'est ainsi qu'un des esprits les plus puissants du XIXᵉ siècle, sans connaître même le

---

[10] Une idée analogue se montre déjà dans les premières hérésies chrétiennes; voir Renan, Les origines du christianisme, t. VII, p. 84.

nom d'Antoinette, s'est trouvé amené — personne ne l'a remarqué encore— à la même conception de *l'avenir de l'amour.*

Le point de départ d'Auguste Comte n'est pas mystique, mais sociologique. Il songe à l'émancipation de la femme ; il se dit aussi que « le vrai début de l'éducation humaine s'accomplit dans une brutale ivresse et sans aucune responsabilité[11] ». Il sent très vivement la nécessité de « régler, non seulement la quantité, mais surtout la nature des produits humains[12] ». Or, la seule solution qu'il aperçoive à ces redoutables problèmes est une utopie, dont il attend la réalisation non d'un miracle, mais du progrès de la science et de l'évolution. Jusque-là, « le mal ne sera jamais atteint dans sa source, et tous les remèdes resteront palliatifs[13] ». Quelle est cette utopie ? Il faut la laisser expliquer à Comte, quelque peine que l'on éprouve à citer son horrible jargon après la belle prose simple et coulante d'Antoinette : « Quand la réorganisation positive des opinions et des mœurs aura dignement placé les femmes à la tête de la sociocratie, l'utopie de la Vierge Mère deviendra, pour les plus purs et les plus éminents, une limite idéale, directement propre à résumer le perfectionnement humain, ainsi poussé jusqu'à systématiser la procréation en l'ennoblissant[14]. » — « Une telle modification doit améliorer la constitution cérébrale et corporelle des deux sexes, en y développant la chasteté continue, dont l'importance est de plus en plus pressentie par l'instinct universel[15]... Domestiquement considérée, cette transformation rendrait la constitution de la famille humaine plus conforme à l'esprit général de la sociocratie, en complétant la juste émancipation de la femme, ainsi devenue indépendante de l'homme, même physiquement... Ainsi purifié, le lien conjugal éprouverait une amélioration aussi prononcée que quand la monogamie y remplaça la polygamie, car on réaliserait l'utopie du moyen âge, où la maternité se concilie avec la virginité[16]. »

C'est à peine si l'on entrevoit de temps en temps. chez Comte, l'idée mystique de l'impureté des liens charnels, qu'avait fait naître en lui l'adoration de Clotilde Devaux, sa « Béatrice », sa « sainte Clotilde », et que grandit encore, après 1846, le souvenir de ce lien spirituel, si prématurément brisé par la mort. Le terrain sur lequel il se place, même pour divaguer, est celui de la science positive et si l'on vient dire qu'il était fou, quand il rêvait de la future parthénogenèse, on oublie

---

[11] A. Comte, *Système de politique positive,* t. IV, p. 318.
[12] A. Comte, *Système de politique positive,* t. IV, p. 319.
[13] *Ibid.,* p. 320.
[14] *Ibid.,* p. 240.
[15] *Ibid.,* p. 277.
[16] *Ibid.,* p. 278.

que la folie de Comte remonte à 1826 et que son *Cours de philosophie positive*, auquel il doit son influence sur le XIXe siècle, n'a commencé à paraître qu'en 1830. Si donc le *Système de politique* est sorti d'un cerveau troublé, le *Cours de philosophie* a partagé le même sort. Et faut-il vraiment faire un crime à Comte d'avoir entrevu, d'avoir appelé le jour où le progrès physique viendrait assurer le progrès moral? Les rêves ne sont justiciables d'aucune logique; ils ne valent que par les instincts qu'ils révèlent. Aussi bien ne peut-il être question de discuter celui-là. Mais n'est-il pas curieux de constater chez un mathématicien, chez un homme dégagé de toute attache religieuse, la même conception messianique de l'amour que chez la visionnaire chrétienne d'Amsterdam? N'y a-t-il pas quelque ironie, mais aussi quelque grandeur philosophique, dans cette conjonction ino-pinée de deux mysticismes, partis des points les plus opposés de l'horizon?

Table des matières